Premonición del extinguido
Ludwing Varela

Premonición del extinguido

Premonición del Extinguido ©

Copyright © Ludwing Varela, 2014

Copyright © Editorial del Gabo, 2014

Colección Patechucho #3 / 2014

ISBN: 978-0-692-24254-4

Arte de cubierta exterior: © Alejandro Marré

Diagramación: Sirius estudio

Corrección de texto: Rebeca Ávila Urdampilleta

Editorial del Gabo

San Salvador, El Salvador, Centro América

editorialdelgabo.blogspot.com• ⧉/editorialdelgabo

UN LIBRO PREMONITORIO

La muerte no existe; insiste, "Guerra a la muerte", clama el poeta. ¿No existe? "La muerte no es la muerte, es un muerto", sostiene otro vidente. La muerte no está aquí: "Vendrá la muerte y tendrá tus ojos". La muerte: "espera infinita", "vacío que nos invade", "ganancia y pérdida". "Murió mi eternidad y estoy velándola", repetía aquel peruano inmortal.

La muerte es, ante todo, un trayecto de vida; pero no a otra vida ¿Para qué a otra si no hay otra, si la muerte es el final definitivo, la fatalidad misma de dejar de ser, de no más ser? Un estado de espíritu, sí, permanente, imperecedero. La muerte es la memoria escindida entre presente y pasado. La muerte no es futuro, pues no se gana ni se pierde lo que no se tiene ni se ha tenido.

La muerte es "el sentido trágico de la vida". O como increpaba Vallejo: "¿Para sólo morir tenemos que morir a cada instante?". Vida y muerte se necesitan para sí, entre sí, pese a una, pese a la otra.

La Historia lo registra desde sus mismos orígenes. Las civilizaciones más antiguas guardan memoria de su paso por el mundo y de su propia extinción en palabras, imágenes, en ruinas. Allí palpita aún lo vivo y lo muerto de cada una de aquéllas. Los trágicos griegos fueron aún más allá: reivindicar la muerte a costa del destino humano, a sobreponerla sobre todas las cosas, aún a sabiendas de que todo castigo no es más que una negación de la libertad, bien supremo que ni los dioses mismos han podido abolir.

Valga este despropósito existencialista para entrar en la materia, no por extraña menos conocida, de este libro de Ludwing Varela, "Premonición del extinguido", una especie de encantamiento verbal por lo luctuoso y lo sórdido que nos deparan la vida y la muerte, así estrábicamente vistas juntas, complementariamente cómplices.

Llama la atención el desparpajo inocente e irredento por igual, con que este joven poeta "juega" a su "estar" en este mundo, vivo y muerto lo mismo da. Lo importante es su declaratoria vivencial, casi profética, ese afán hedonista por lucir sus mejores galas "del primer caído".

"Necesito morir de a ratos", confiesa el poeta. Si uno no conociera a Ludwing -un joven poeta con una larga vida y obra por delante- podría caer en la trampa y creer que nos habla un personaje de la estirpe de Job, curtido de culpas y arrepentimientos.
"Nunca ha sido fácil morirse uno", murmura por ahí, entre versos más bien flamantemente vívidos y frescos. Pero más de alguno caerá en la trampa, y quien caiga encontrará allá en el fondo, entre el trasfondo de la vida, al propio Ludwing... muerto de risa.

No sé qué se traerá entre manos el poeta Varela. Sospecho que muchos libros más. Tiene que madurar, como todo autor joven. O sea tiene que vivir, escribir, insistir. Sí, insistir más en la vida que en precoces y apuradas premoniciones.

Rigoberto Paredes
Escritor Hondureño

Ludwing Varela

He aquí que me desnudo para habitar mi muerte
Jaime Sabines

Despedida en pedazos

A Cindy Vega

Empecemos por decir; "estoy roto"
Y mis días de espejo están quebrados.
Podemos también decir
Que mis palabras están perdiendo su acento
Y ya no se entiende lo que digo.
Vos entre tanto
Brillas más que nunca
Tenés una constelación en las palabras
Y una tempestad en el aliento.
Yo estoy perdido, de eso no hay duda
Y sería más fácil encontrar un pajar en una aguja
Más fácil encontrar al mar en una ola.
Hay que terminar con vos,
Sería lo justo
Terminar definitivamente con este encanto que me agita
Terminar con la palabra que se me cae rota.
Hay que terminar con vos,
Claro que sería lo justo
Para que no te aferres a mi grito de cuerdas silenciosas.

Andanza del que nunca llega

Cada mañana espero una canción que me despierte
Como una punzada que se da alta y segura
Mientras tanto
En la esquina de una calle
Las palomas agonizan al ver morir su vuelo
Y la acera recuerda sus pasos perdidos.
Así voy caminando
Sin calle que me espere
Y sin contar los pasos que me han abandonado
Sin mirar las paredes que me gritan sus nombres
Como quien espera que les haya conocido.
Yo sigo caminando
 Para encontrar mis muertos
Y entregarles las flores de mi melancolía
Pero la rama se quiebra y se despierta el día
Mientras tanto
En la esquina de una calle doliente
Dejo mis ramos grises secarse con el viento.

El primer caído de las filas negras

Yo iré a ti,
veloz y reluciente
Antes que mi estrella
Deje de adornar el firmamento.
Entre tus alas estará mi rostro inmaculado
Como el pecado que guardo bajo la manga.
Iré a ti en una tarde como aquella
En que la melancolía acarició mi mano
Y me enseñó el abismo que hay en sus ojos.
Que no me sea posible ver las lágrimas de mis vivos
Para que no mojen mi camino de desierto último.
Y ante todo
Iré a ti con la fuerza de mi palabra
Que aunque esté sin sal y ola
Es lo único que me llevaré
Para hablar conmigo mismo.

Moriremos de dolor una mañana alegre

Moriremos de dolor una mañana alegre
La sangre será libre de la cárcel de esta carne
Y nacerá un río rojo
Un río donde los peces se multiplicarán en el comunismo de mis venas.
Moriremos plácidamente
En la hora que el beso que se estampa en la palabra
Deje de ser indició de una amarga despedida
De un adiós definitivo con tintes de esperanza.
Moriremos de dolor
Y los pájaros cantarán
Pensando en los gusanos que se alimentaran de nosotros.
Moriremos una o mil veces
De eso no hay duda
En una fría mañana alegre
Como la que aun no he tenido
Y que se dibuja en el precipicio de mi mano.

Antítesis de un encuentro

Abyssus abyssum invocat

No puedo romperte los pasos
Para alcanzarte en la calle en que sembramos nuestros
nombres.
Es imposible seguirte y guiarme por tu sombra
Guiarme por las huellas que me dejaste en el pecho.
Aguarda
Y espera a que mis raíces te alcancen
Que mis flores te golpeen con su aroma.
Deja caer el hacha y no sigas besando el filo
Que un día me cortó la sonrisa que nacía sin mascara.
Descansa
Calma la tempestad de tus pasos
Permite que la tormenta de tus impulsos abrace mi calma.
No puedo romperte los pasos
Vas a toda prisa
Como si el verano amenazara con calmar tus tempestades
Y con darle vida a tu sombra de muerte.
No puedo romperte los pasos para alcanzarte
Vas a toda prisa
Pero si puedo romper los míos
Y dejarte ir a mi encuentro.
Ya no pares.

Espejos opacos

Todos los espejos están opacos
Y mi imagen engañosa
Nunca había sido tan acertada.
Todos mis espejos están opacos
Y puedo ver en ellos
Mi futuro de rama rota
Mi amanecer de soles negros.
Hay días como este
Que deberían hacerse añicos
Dejarlos uno morir
Sin darles el auxilio necesario.
Todos mis espejos están opacos
Y mi imagen engañosa
Nunca había sido tan acertada.

Necesidades cotidianas

Necesito morir de a ratos
De a pocos
De a un instante
Y mirar cómo mi sombra afligida
Por fin descansa.
Perderse uno, sí
En la palabra más oscura
Y tratar de descansar en su tétrico significado.
Necesito morir de a ratos
De a pocos
De a un instante
Pero sobre todo
No morir de nada
Como siempre lo he hecho.

Peregrinación

Vení,
Lamentémonos pues caen las horas
Y los ojos del mundo
Son ciegos a nuestros pasos.
-*¿Y adónde van los que se han perdido a plena luz del día?*
Dame la mano
Seguí mis pasos que se agitan entre los abismos
Seguí la voz de temblor que me arropa
Y no cerrés los ojos
Que caerás en la amargura del paso que viene
Y no podrás guiarte por el canto del pájaro
Que se aleja para siempre.
Hay una luz que parece abrirnos el camino a la locura
Procura no separarte de ella
Que es la única agua que nace en el pozo de nuestras manos
-*Entonces, ¿adonde vamos con estos pasos que se quiebran de
cansancio?*
Vamos al fin último del camino
Vamos a nosotros mismos.

Premonición del extinguido

Hay una premonición que me muerde las manos
Como una serpiente que no se tropieza
Como una mañana que viene y viene
Como algo que cerca aparece lejano.
Este sueño pálido que nunca me deja
Se levanta conmigo y entona su canción
Se me quiebra cual cántaro mi golpeada cabeza
Y derramo las sobras de mi espléndido vino.
Hay una premonición de soledades altas
Como el vuelo de un pájaro jamás herido
Y sé que se avecina como una esperanza
Como una esperanza que jamás he tenido.

Nunca ha sido fácil

Nunca ha sido fácil morirse uno
Así como romper un vaso de cristal
Así como quebrarle la rama a un pájaro.
-Es sencillo; solo cierra los ojos y ábrelos nunca.
Es sencillo, sí
Como absorber el fracaso en nuestras manos-
Nunca ha sido fácil
Es mentira
Uno lleva el deseo en el pecho
Y el corazón palpita de burlas hacia uno mismo.
A veces es mejor tirar las cosas
Y dejar que el tiempo las selle y las abone
Y que de ellas nazca un hermoso nido de gusanos
-Es tan fácil como parpadear.
Cierra los ojos, ábrelos nunca-
Nunca ha sido fácil morirse uno
Cuando en realidad estamos muertos.

Recuerdo inconcluso

Yo te recuerdo como puedo
Como una sombra
Que era sombra de mi sombra
Como una carne
Que era sangre de mis huesos.
Hoy los sueños son fantasmas
Que con sus manos de nostalgia me aprietan
Mientras las sombras dibujan mi paisaje de caída resplandeciente.
-*¿Porque no te vas en pos de aquella estrella?*-
¿Porque no me voy a buscar lo que he perdido?
Yo te recuerdo como puedo
Pero en esta noche que me deslumbra tu ausencia
Prefiero no recordarte
Para poder morir solo
Como siempre lo he querido.

La ultima ventana

Cuando me sienta triste
voy a deshilachar mis alientos
o tal vez los deje marchar por si solos.
Cuando esté alegre
y mi tiempo esté por terminar
Voy a tejer más días
o si tengo suerte
vendran por sí mismos.
Cuando no esté ni alegre ni triste
compraré un cuarto
con una sola ventana que apunte al cielo
lástima que lo único que veré
Será tierra y lodo.

Un niño pregunta sobre lo que se va

-¿Ves al pájaro aquel, que cae de la rama?
-Es una canción con alas, escapó de mi boca.
-Suena triste, muy triste, su canto es oscuro.
-Soy yo, he nacido en una noche rota.
-El pájaro es mudo y aun así canta y canta.
-Soy yo, ¿no lo ves? Canto con el corazón.
-Parece que regresa, sin alas y sin canto.
-¿No ves que muero y muero dentro de una ilusión?
-¿Ves al pájaro aquel? Esta triste y sólo.
- La canción ha terminado. Ya no hay aire en su pulmón.
-¿Viste al pájaro aquél que cayó de la rama?

<<Unos pasos más>>

Unos pasos más
y me acostaré a tu infinito lado
para contarte de mi pasado
de mis platicas silenciosas
mis estrellas fugaces
sobre la peste que me azota
de mi un y mil mentiras
y me arroparás con tu sombra
para soñar el sueño soñado.
Y después seremos uno
seré carne de tu carne
hueso de tus huesos
y después !Oh maravilla!
daremos colores nuevos
nuevas flores misteriosas
con extraños reflejos
solo unos pasos más
tierra mía
Pasos que me llevan
En sus hombros
A mi entierro.

<<Hoy me es difícil ser bueno>>

Hoy me es difícil ser bueno
Levantarme repentinamente
Y saludar con la mano llena de pasados sangrientos.
-Buenos días rosa matutina
¿Por cuál pétalo deseas que comience a torturarte?-
Tengo sed de abismos
Una insolencia por arrancarme las palabras tersas
Y una bandeja llena de futuros fracasos.
Hoy es difícil arrancarme el pasado
Y fingir que las palabras no dictaron mi camino sin polvo
Y fingir, sí, como lo hacen los que sonríen sin perder la costumbre
[de la máscara.
Déjenme tranquilo, que soy un volcán de nido de pájaros
Y estoy vomitando mis alturas.
Déjenme tranquilo, sí,
para que no tenga que saludarlos con mi mano ensangrentada
Con mi sonrisa que trata con los muertos.

Levedad

¡Madre estoy perdido!
Y vos, que me tenías seguro en tu vientre
Ya pensabas en cómo nombrarme
-Hay que ponerle un nombre que recuerde al viento –Decías
Hoy
Lejos de tu sombra
No tengo seguro
Ni tierra que desee mis pasos.
Por eso
Quisiera volver a ti
A tu vientre de camino nuevo
Pero el viento madre,
Me ha llevado lejos.

Señor, apártame de mi camino

Señor ¡Apártame de mí camino!
Que llevo olor a muerte entre las manos
He dicho vida
Y el dolor se enraizó en mi palabra
Y como enredadera endemoniada
Me asfixia la razón y las buenas voluntades.
Señor ¡Apártame de mí!
Pues tengo miedo de secar las flores del campo
De enmudecer la voz de lo elocuentes
De secarle el pozo a los sedientos.
Señor ¡Apártame de mi palabra!
Que últimamente ha quebrado los muros
Me guardaban de la intemperie y de la noche
Hoy ha envenenado al viento de los cuatro puntos cardinales
Y respirar es absurdo y doloroso.
Señor ¡   Apártame de mi!
Que tengo hambre de venganza
Y soy un pozo que nunca se llena
Que soy un paso que nunca se cansa
Señor ¡Apártame de mí camino!
Para no apartarme de mí esperanza.

<<NO BUSCO>>

No busco mi nombre para encontrarme
solo el sitio de las trampas
por donde va trazado mi camino.
Veo en las calles mis pasos abandonados
escucho al polvo la insinuación de mi futuro más cercano.
Puedo ver con estos ojos de ciego
los soles negros que calientan la sangre
que derramaré para pintar mis ocasos.
Me es difícil este andar
estas calles no son más que laberintos
donde perecemos
donde el hilo está cortado
desde el nacimiento de nuestros gritos.
Y uno queriendo escapar
pero la gravedad está dispuesta
a cortar nuestros sueños de pájaro
a cortar el vuelo que se emprende en los cielos de la memoria.
Y no queda más que proseguir
y cargar sobre nuestra espalda
al tiempo como a un muerto
que al final nos enterrará
con nuestras propias manos.

Regalo de consuelo

Me han ofrecido la muerte
Como se ofrece un colorido ramo de flores
Me la ofrecieron fresca
Y llena de vida como rosa matutina.
-Señor ¿tiene usted eternos floreros negros?
Porque hoy me han ofrecido la muerte
Como se ofrece un ramo de flores
Y no tengo un florero para guardarlas.
Me han ofrecido la muerte como un ramo de flores
Y solo tengo la tierra de mi cuerpo para abonarla.

Ludwing Varela (Tegucigalpa, Honduras, 17 de Noviembre de 1984) Estudiante de Literatura en la Universidad Nacional Autónoma de Honduras en Tegucigalpa. Egresó del taller de Poesía "Edilberto Cardona Bulnes". Es miembro del grupo literario "Máscara Suelta" y de la U.E.A.H (Unión de escritores y artistas de Honduras).

Sus poemas han sido antologados en "Caballo Verde" (Honduras, 2007); "Honduras, sendero en resistencia" (Honduras, 2010); "Antología de poesía Honduras-Chile" (Chile, 2011); "Muestra de poesía joven inédita hondureña" (Honduras, 2014) Su obra ha sido recopilada en periódicos y revistas de su país y también en revistas de México, Uruguay, Turquía, Guatemala, Argentina y Marruecos. Ha ganado los premios anuales de la Universidad Nacional Autónoma de Honduras en las ramas de poesía, cuento, fabula y fotografía.

Entre su obra narrativa se encuentra "Autobiografía de un hombre sin importancia" (Honduras, 2012). Tiene inéditos los poemarios "Vocación de lo perdido" y "Poemas de la Piedra en el Zapato".